SOLUTION! SOLUTION!

Ce qui caractérise l'impuissance, c'est
l'intrigue, et ce qui caractérise l'intrigue, c'est l'impuissance
                    Em. DE GIRARDIN.

PARIS

E. DENTU, LIBRAIRE-ÉDITEUR

PALAIS-ROYAL, 17-19, GALERIE D'ORLÉANS

1872

PARIS

IMPRIMERIE BALITOUT, QUESTROY ET Ce

7, rues Baillif, et de Valois, 18.

SOLUTION! SOLUTION!

Αναγχη.

Ce qui caractérise l'impuissance, c'est l'intrigue, et ce qui caractérise l'intrigue, c'est l'impuissance.

EM. DE GIRARDIN.

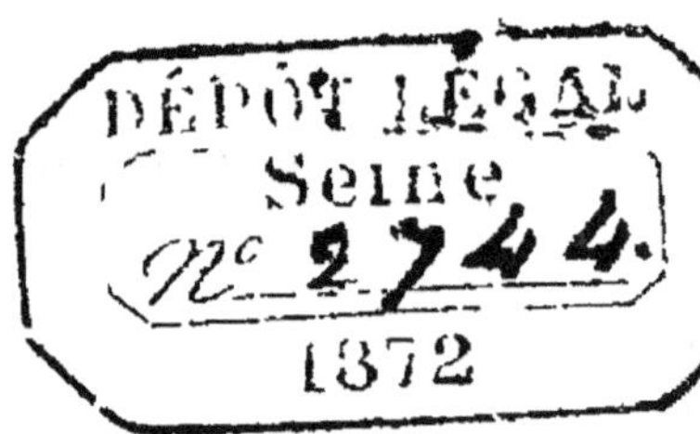

PARIS

E. DENTU, LIBRAIRE-ÉDITEUR

PALAIS-ROYAL, 17-19, GALERIE D'ORLÉANS

1872

SOLUTION! SOLUTION!

LE PROVISOIRE

« Les constitutions, disait Royer-Collard, ne
sont pas des tentes dressées pour le sommeil. »
Nous semblons croire depuis quelques mois que
pour dormir tranquille il suffit de se passer
tout simplement de constitution. Cette illusion
commode se dissipe aujourd'hui ; elle échappe
aux imaginations les plus riantes, aux esprits
les plus optimistes. Il est temps, il est grand
temps de nous rendre compte de l'état où nous
sommes, de chercher les moyens d'en sortir et
de les trouver.

De les trouver ! Le mot paraîtra peut-être ambitieux ; il n'est que juste pourtant. Le mal qui

nous travaille est arrivé à ce point d'énergie et nous sommes tombés nous-mêmes dans une telle faiblesse que nous ne pouvons pas attendre le remède un jour de plus. SOLUTION ! solution ! Tout le monde la réclame ; quelle sera-t-elle?

C'est une habitude en France de mettre des mots à la place des choses, et, lorsqu'on s'est entendu sur les mots — à la condition de ne pas les définir — on essaie de croire qu'un accord parfait s'est établi entre les esprits et les cœurs. Malheureusement, si nous faisons des mots ce que bon nous semble, les choses, en revanche, font de nous ce que veut leur logique inflexible contre laquelle nous ne pouvons rien.

Au mois de février 1871, tous les partis — et c'est leur honneur — s'entendirent pour remettre à plus tard la poursuite de leurs vieilles préten- tions ; ils se rallièrent autour d'un gouvernement que, dans le langage de tous les jours, on ap- pelle souvent et très-improprement *le Provisoire,* sans doute parce qu'on hésite à lui donner le nom de République française, qui lui appartient cependant en fait et en droit. Le Provisoire, ac- cepté sous bénéfice d'inventaire, a paru d'abord convenir à tout le monde. Chacun y trouvait son compte ; le provisoire n'étant ni la République, ni la monarchie, ni l'aristocratie, ni la démocratie, ni le gouvernement personnel, ni tout à fait le gouvernement parlementaire, chacun dans ce panthéisme politique pouvait adorer le dieu de son culte et de ses espérances.

Mais la nature des choses a été plus forte que les meilleures intentions. Qu'est devenu le Provisoire ? Qu'est-il aujourd'hui ?

Soyons prudents dans notre langage ; soyons francs toutefois.

Le Provisoire est une arène ouverte à toutes les intrigues. Personne déjà ne s'y sent à l'aise ; la confiance a disparu. On se regarde, on s'observe ; on suit de l'œil M. Gambetta qui part sans rien dire pour Marseille et qui en revient sans parler davantage. On rédige des programmes, des manifestes et on les met dans sa poche. On tire l'épée en cachette — non pas pour s'en servir, grands dieux ! — mais pour s'assurer que la pointe en est bonne et le fil tranchant ; puis on la replace doucement dans le fourreau et on se croise les bras de l'air le plus naturel du monde.

Voilà où en sont venus les partis après quelques mois de Provisoire.

Qu'importent les partis ! s'ils ne peuvent pas prendre leurs aises dans le Provisoire, nul n'est plus disposé que nous à s'en consoler. Par malheur, le Gouvernement, l'Assemblée nationale et le pays souffrent aussi, gênés par ce moule étroit et fragile, et ceci est plus grave.

L'Assemblée nationale, dès le premier jour de son existence, s'est mise à faire ce que les assemblées sont créées et mises au monde pour faire : des lois. Le Gouvernement a dû s'occuper de ces lois, prendre part à leur discussion. Alors l'impossibilité du programme que Gouvernement et Assemblée s'étaient imposé est apparu à tous les yeux. Il s'agissait *d'organiser sans constituer.* Peut-on *organiser sans constituer ?* Le verbe organiser réclame un complément direct et nécessaire. Est-ce la monarchie, est-ce la République qu'on veut organiser ?

Ni l'une ni l'autre, dira-t-on ; c'est l'armée, ce sont les finances, c'est le pays et l'ensemble des forces propres à l'administrer. Fort bien ! Mais est-il possible d'organiser tout cela sans savoir d'avance si l'édifice complet sera monarchique ou républicain ? Est-il sage de faire une loi municipale, une loi départementale, une loi sur le conseil d'Etat, etc., etc., sans connaître d'avance le système politique auquel tous ces détails devront se rapporter ? Est-il logique de faire des lois organiques avant de s'être nettement rendu compte de ce qu'on veut organiser? Nous n'en croyons rien. Il y a tongtemps que nous savons ce que valent ces expressions amphibies : entourer la monarchie d'institutions républicaines ou la république d'institutions monarchiques! Ici encore nous retrouvons la fatale puissance des mots sur les esprits français. Prenons garde! ces lois organiques participant de principes contraires sont de terribles instruments de dislocation et de ruine. Tous les partis y trouvent des armes et s'en servent tôt ou tard.

Quant au pays — qu'on nous pardonne la vulgarité des termes — peu lui importe, au fond, d'être dieu, table ou cuvette; pourvu qu'en somme il vive, c'est assez ; il est plus que content! Le pays veut vivre, il se sent toutes les forces nécessaires pour cela; mais ces forces sont éparses, diffuses et se perdent dans une action incohérente. Le pays cherche une main qui organise ces forces, qui les emploie suivant une impulsion unique et habilement combinée. La main existe, c'est notre conviction profonde ; mais le pays ne la trouve pas parce que le Provisoire réduit cette main elle-même à l'impuissance.

Parlons clairement et avec des noms propres. Le Provisoire, ce n'est pas le gouvernement de M. Thiers. M. Thiers subit le Provisoire : il n'en est pas l'auteur, il en est la victime.

En vérité — et certainement sans le vouloir — on traite la France aujourd'hui comme une maison en faillite à laquelle on donne un syndicat. Lorsque le syndicat a fini sa tâche, il disparaît et la maison avec lui. Mais la France n'est pas morte ; il ne s'agit pas de l'enterrer avec les honneurs dus à son rang ! La France n'est pas en faillite ; il ne s'agit pas de liquider sa succession ! La France veut vivre et elle le peut : la France veut payer sa dette et elle peut la payer.

DU GOUVERNEMENT

QUI CONVIENT A LA FRANCE

Nous pourrions dire, comme bien d'autres, que le gouvernement qui convient à la France est un gouvernement ferme et modéré, actif et prudent, économe sans l'être trop, etc., etc. Ces excellentes réflexions que nous trouvons partout nous rappellent les principes de quelques traités de rhétorique : « Un bon style doit être clair mais ni long ni prolixe, familier mais sérieux, d'une allure grave mais légère et déliée. » Tout cela est fort bien pensé, mais n'a jamais appris à écrire à personne.

Nous pourrions dire aussi et affirmer *a priori*, comme bien d'autres, que la monarchie seule convient à la France ou qu'il n'y a que la république qui puisse la sauver.

Nous aimons mieux, si cela est possible, dénouer le nœud gordien que le trancher et persuader les esprits bien faits que frapper les imaginations trop vives.

Prenons la France telle qu'elle est : efforçons-nous de comprendre quels sont ses instincts les plus puissants, ses besoins les plus impérieux. Entrons dans ce travail d'analyse sans arrière-pensées et sans préventions.

La France a été longtemps un pays monarchique : l'est-elle encore aujourd'hui? Il faut sans doute tenir grand compte, dans le problème qui nous occupe, d'un passé long et glorieux, dont la durée et le brillant éclat n'ont pas peu contribué à former nos mœurs nationales. Toutefois, depuis quatre-vingts ans — il serait très-imprudent de l'oublier — la France, travaillée par un esprit nouveau, a eu le temps de se former des traditions nouvelles, plus jeunes, plus vivantes et avec lesquelles il faut aussi compter. L'ancien régime est mort : personne ne songe à le ressusciter en entier. Mais il ne suffit pas, pour qu'un gouvernement puisse s'établir et vivre longtemps en France, qu'il renonce à l'ancien régime; il faut de plus que ce gouvernement s'accommode des idées et des sentiments qui sont nés chez nous en 1789, Ces idées, ces sentiments, ont créé des habitudes qu'on ne peut pas non plus choquer sans péril. Qu'importe, par exemple, la couleur de notre drapeau ? Et cependant lorsqu'on nous parle de changer de drapeau, la première impression qui nous frappe est une impression de surprise profonde : la révolte du cœur ne vient qu'après l'étonnement de l'esprit. Que serait-ce si l'on nous parlait de modifier nos habitudes de gouvernement parlementaire au point de ne plus avoir des Chambres qui se réuniraient tous les ans ? Pendant des siècles, la France a été grande et prospère sans le secours d'assemblées annuelles ; pourtant une réforme de cette sorte nous paraîtrait une de ces « nouveautés insupportables » contre lesquelles tout proteste en nous.

Depuis vingt-quatre ans seulement un principe nouveau a fait son apparition dans le monde ; nous voulons parler du suffrage universel. Jusqu'alors les citoyens pauvres et les habitants des campagnes s'étaient habitués à ne voir dans la Révolution que la conquête de l'égalité devant la loi civile et devant l'impôt. Essayez aujourd'hui d'attenter à l'égalité de

tous dans les droits politiques ! Le gouvernement qui commettrait pareille imprudence
ameuterait contre lui une opposition à laquelle
il ne résisterait pas longtemps. En 1830, on a
fait une révolution au nom de la liberté de la
presse et de la Charte violées ; le mot de suffrage
universel a maintenant autant de prestige et de
puissance que les mots de charte et liberté de la
presse en avaient jadis. La preuve en est que,
dès 1851, il a été facile de faire un coup d'Etat,
de supprimer toutes les libertés, de déchirer une
Constitution librement discutée et votée, tout
cela au nom de ce suffrage universel qu'une loi
imprudente avait en apparence amoindri.

Que ce mode de votation soit mauvais ou
bon, nous ne l'examinons pas. Il y a là un fait
acquis, achevé, accompli. Le suffrage universel
est pour bien des gens l'incarnation même de la
Révolution française. L'expérience a prouvé
qu'il était plus facile de duper le suffrage universel que de le détruire ; nous ne voulons,
nous, ni le duper, ni le détruire. Nous nous
contentons d'affirmer que tout gouvernement
qui ne pourrait pas l'appliquer, qui ne pourrait
pas, suivant un mot connu, le « pratiquer honnêtement » sans que l'arme se retournât contre

sa poitrine, est un gouvernement impossible en France.

L'institution du suffrage universel devait exercer sur les mœurs une grande et rapide influence. La France était très démocratique avant 1848, elle l'est aujourd'hui bien plus encore. Or, il suffit, à défaut d'une induction facile, d'ouvrir les yeux à la lumière et d'étudier les faits les plus sensibles, pour voir que plus un pays devient démocratique, plus les intérêts matériels, les intérêts du plus grand nombre ou de tous, prennent chez lui d'importance et en quelque sorte de valeur politique.

La politique du suffrage universel engendre la politique des intérêts; elles sont l'une à l'autre, comme la cause est à l'effet, l'ombre à la lumière.

Ne nous plaignons pas

La politique des intérêts prise en elle-même et considérée dans ses résultats a sa grandeur qui l'égale à la politique de la diplomatie et à la politique de la force. Pour nous, l'œuvre de Richard Cobden et de Robert Peel vaut bien celle de l'empereur Guillaume et de M. de Bismark. Et puisque nous avons parlé de l'empereur Guillaume et de M. de Bismark, songeons aussi à la dette écrasante que nous avons contractée envers la Prusse. Il faut l'acquitter, cette dette : notre honneur et notre sécurité y sont intéressés. Vite au travail ! Efforçons-nous de gagner d'une main la plus grande partie de ce que nous donnerons de l'autre. C'est le seul moyen d'éviter dans nos finances, dans nos monnaies, dans notre commerce, dans notre industrie, les crises qui épuiseraient nos dernières forces. Nous avons encore trois milliards à payer. Il faut les trouver, ces trois milliards ! Il faut les faire ! La politique des intérêts est donc en même temps la politique du suffrage universel, du patriotisme et de l'honneur.

Nous disions, il y a un moment : la France ne demande qu'à vivre. Nous dirons maintenant : la France ne demande qu'à travailler ! Rien ne lui manque pour cela, ni les moyens, ni la bonne volonté ; rien ne lui manque, sinon la sécurité indispensable à tout travail de longue haleine et que de solides institutions peuvent seules lui assurer. Qui s'avise de semer lorsque la tempête se prépare et menace de tout emporter ? SOLUTION ! SOLUTION !

LES SOLUTIONS

Les solutions abondent, mais nous cherchons *la* solution.

Après avoir étudié le tempérament politique de la France et recherché quelle doit être la nature du gouvernement qui lui convient, appelons à nous les partis ; écoutons-les. Voyons ce que chacun peut nous promettre avec chance de ne pas nous tromper et de ne pas se tromper lui-même.

Nous avons un choix varié. Six solutions s'offrent à notre critique :

1° La solution légitimiste ;

2° La solution orléaniste ;

3° La solution par la fusion ;

4° La solution bonapartiste ;

5° La solution radicale ;

6° La solution républicaine modérée.

Nous allons les passer successivement en re-vue en nous efforçant d'être bref plutôt que complet.

Il n'est pas nécessaire pour connaître un objet d'en faire le tour ; il suffit de se placer à un bon point de vue et de regarder.

LA LÉGITIMITÉ

L'empereur Alexandre répondait à ceux qui le louaient de sa générosité et de sa modération : « Ce que vous dites est peut être exact, mais le caractère d'un homme n'est pas une institution.» Cette maxime est vraie en général ; elle l'est moins lorsqu'il s'agit de l'idée légitimiste en particulier.

Le comte de Chambord et le principe de la légitimité, c'est tout un. Le principe s'est fait homme, mais... il n'a point habité parmi nous. On s'en aperçoit sans peine lorsqu'on lit les manifestes de celui que ses partisans appellent Henri V.

Nous sommes les premiers à rendre hommage à la loyauté du comte de Chambord. Cependant, si sa pensée est sans réticences, est-elle sans nuages ? Le comte de Chambord se refuse à devenir le roi légitime de la Révolution ; néanmoins il promet de pratiquer le suffrage universel — honnêtement, cela va sans dire. — Eh bien, le comte de Chambord prouve, en parlant de la sorte, qu'il ne connaît pas les tendances, les instincts et en quelque sorte la dynamique fatale de la machine politique dont il veut faire usage. Le suffrage universel ne sera jamais légitimiste.

Henri V et l'ancien régime sont inséparables, dans l'esprit du paysan. Or, on sait ce que l'ancien régime a été pour ce dernier et les haines vivaces qu'il a laissées dans nos campagnes.

Ce n'est pas ici le lieu d'étudier l'origine et de rechercher les causes de ces superstitions politiques qui règnent avec tant d'empire sur nos populations rurales. Il faut le dire, toutefois, si les paysans se trompent grossièrement sur les intentions et sur le caractère d'Henri V, Henri V ne se trompe pas moins sur la nature du principe qu'il représente.

Henri V se croit le seul représentant de la légitimité ; il se fait illusion sur son rôle et il l'exagère. Le roi n'était jadis que le premier gentilhomme de son royaume. A côté de son *droit* coexistaient d'autres *droits* tout aussi *légitimes* que le sien : droit du clergé, droit de la noblesse, etc. Tous ces *droits* étaient solidaires les uns des autres. Le droit du roi n'était qu'une pièce de ce vaste monument, la plus importante, il est vrai, non pas la seule. Peut-on rendre la vie à tous ces droits mille fois prescrits ? Non, assurément ! Personne n'y songe. Mais de cet édifice détruit on a relevé un emblème mutilé et on en a fait un dieu. Le comte de Chambord, objet de cette religion mystique, en est le premier croyant. Il s'abuse, nous le répétons, sur les limites naturelles du dogme dont il est devenu l'incarnation.

Les anciens rois de France étaient beaucoup moins surnaturels et beaucoup plus humains que le comte de Chambord. Quelle différence entre Henri IV et Henri V ! On les a comparés trop souvent pour que nous refassions ce parallèle tout de contraste. Nous rappelons cependant le souvenir d'Henri IV, parce qu'Henri IV nous a appris comment une dynastie se fonde et que nous paraissons l'avoir trop oublié aujourd'hui.

On compare aussi quelquefois les derniers des Bourbons aux derniers des Stuarts et ici au contraire les ressemblances abondent. Pourquoi les

Stuarts, rétablis en Angleterre, n'ont-ils pas pu s'y maintenir? Parce qu'ils n'ont pas su, comme Henri IV, se convertir à la religion dominante et souveraine dans le cœur de leurs sujets.

Il faut bien aussi parler du drapeau tricolore et du drapeau blanc, puisque cette question sépare les classes éclairées du comte de Chambord autant que les souvenirs du système féodal séparent de lui les habitants des campagnes. Nous n'en dirons qu'un mot. Si Henri V est le gouvernement légitime, la Révolution et le drapeau tricolore c'est nous ! Entre un honnête homme et une nation fière, il n'y a pas d'abîme plus profond qu'une question d'honneur.

Concluons.

Est-il impossible que le comte de Chambord devienne roi de France?

Non. Rien n'est impossible en France.

Est-il possible qu'il le soit longtemps?

Non ! Le suffrage universel, les populations rurales, les classes bourgeoises repoussent dans la personne d'Henri soit l'ancien régime, soit le drapeau blanc. Un gouvernement qui a contre lui des forces si nombreuses, qui divise à ce point les esprits les plus conservateurs, ne saurait assurer :

Ni l'ordre moral,

Ni l'ordre matériel.

Nous devons donc repousser une restauration légitimiste de toute l'horreur que nous inspirent les révolutions futures.

L'ORLÉANISME

La solution orléaniste n'a rien de surnàturel ! Elle a tous les caractères, tous les défauts, tous les dangers d'un pur compromis passé entre quelques personnes d'un esprit plus sensé qu'élevé et d'un cœur modeste.

En principe, l'orléanisme est l'inconséquence organisée; c'est l'hérédité qui ne repose ni sur le consentement populaire exprimé par le suffrage universel, ni sur le droit divin. Cependant l'orléanisme ne manque pas de forces : il les puise dans les souvenirs d'un règne de dix-huit ans, règne peu glorieux au dehors, mais sage, honnête, modéré au dedans, et qui a même outré la modération et la prudence, comme d'autres ont exagéré l'esprit d'aventure.

Ce qui fait encore la force du parti orléaniste,

c'est qu'il a à sa tête, pour le représenter, plusieurs princes habiles, intelligents et braves. Le nombre en ceci fait beaucoup à l'affaire ! Il est bon d'être plusieurs pour jouer une pièce et lorsqu'un parti a des acteurs de mérite dans tous les rôles importants, *omne tulit punctum*. Des princes d'Orléans, l'un est monarchiste pur, l'autre a des tendances républicaines prononcées, un autre encore s'éloigne des intrigues et se bat avec courage. L'un est réservé, l'autre l'est moins, un troisième 'se compromettrait au besoin. L'orléanisme est comme une armée dont le centre et les ailes auraient des généraux adroits qui s'entendraient pour exécuter des mouvements d'ensemble et pour agir vers un but commun.

Malgré tous ces avantages du parti orléaniste, nous ne pensons pas qu'il puisse longtemps détenir le pouvoir. Nous estimons les expédients lorsqu'il s'agit de traverser un passage difficile, nous ne croyons pas à leur durée.

Louis-Philippe a régné dix-huit années en s'appuyant sur les classes bourgeoises et en sacrifiant toutes choses à leurs intérêts particuliers. Il s'est trouvé, le 24 février 1848, que cet appui était mince et fragile : un choc léger l'a renversé. Aujourd'hui, l'appui des classes moyennes serait mille fois plus insuffisant. Ces classes sont noyées et perdues dans le suffrage universel. Les intérèts qu'il s'agit de satisfaire sont infiniment plus compliqués, plus variés, plus étendus que ceux des bourgeois de 1848.

Un système sans logique, sans cohérence dans ses principes et dans ses éléments ne saurai. suffire à cette tâche.

Est-ce à dire que l'orléanisme ne puisse pas l'emporter un moment ?

Non ! Les expédients ont leur valeur mesurée, limitée à la durée de la circonstance qui les suggère. L'orléanisme serait un autre provisoire !

Il accepte la Révolution, mais il n'a pas les digues nécessaires pour en contenir et pour en diriger le flot ; il peut en vivre quelque temps, il ne peut pas la faire vivre.

LA FUSION

Si ce qui précède est vrai, la fusion est impossible. Les choses, ici encore, sont plus fortes que les volontés des hommes et se jouent de leurs intentions les meilleures.

Que de fois déjà ce fantôme de la fusion n'a-t-il pas été poursuivi par des esprits élevés et sincères ! Au moment d'arriver au but, lorsqu'on a cru y être enfin, l'illusion s'est toujours et fatalement dissipée.

Nous avons la plus parfaite estime pour le caractère du comte de Chambord, du comte de Paris, du duc d'Aumale, du prince de Joinville. Ces princes ne demandent qu'à s'unir et à faire le bien de la France.

Ils ne le peuvent pas !

Ils ne le peuvent pas parce qu'un homme de

cœur se doit toujours au parti qu'il représente,
qui s'est voué à lui, qui a mis en lui toutes ses
espérances. Or, le comte de Chambord sent très
bien que l'orléanisme n'est qu'un compromis sans
avenir, et le comte de Paris comprend, lui aussi,
que le principe légitimiste a fait son temps et a
même eu son regain aujourd'hui fané.

La fusion ne peut se faire que de deux ma-
nières : ou le comte de Chambord acceptera les
idées des princes d'Orléans, ou ces princes
se soumettront au principe du comte de
Chambord.

Personne ne peut sérieusement espérer
qu'Henri V se rallie aux princes d'Orléans ;
tout en lui, son langage, sa conduite, la di-
gnité ferme et inflexible de sa vie protestent
contre cette supposition. De sa part, d'ailleurs,
la pire des abdications ne serait pas d'abdiquer
la couronne comme Charles-Quint, ce serait
d'abdiquer son principe. La solution légitimiste
deviendrait alors la plus mauvaise de toutes,
son application ne dissiperait aucun préjugé
haineux et ne satisferait aucune conscience
fidèle.

Si les princes d'Orléans se rangeaient docile-
ment autour d'Henri V, les critiques que nous

avons adressées à Henri V retomberaient sur eux. Ils seraient réduits à la même impuissance que leur .oncle. Ils représentent aujourd'hui un expédient qui peut un jour et pour un jour sembler utile à quelques esprits, ils représenteraient alors une religion à jamais morte et un dogme évanoui.

Nous sommes tristes en écrivant ces choses. Il en coûte d'avouer ainsi la faiblesse humaine, la vanité des intentions les plus généreuses devant la brutalité des faits. Il nous en coûte d'autant plus que nous éprouvons le plus grand respect pour les princes qui représentent les principes légitimiste et orléaniste. La critique du parti bonapartiste et du parti radical ne nous réserve, à la place de cette noble douleur, que des répulsions et des dégoûts.

LE BONAPARTISME

Cachons notre honte, pour parler froidement du bonapartisme. Car, de toutes les solutions, le bonapartisme n'est pas la moins possible.

Il se dit fils de la Révolution, il revendique toutes ses conquêtes, il inscrit sur son drapeau les principes de 89. Le suffrage universel est sa créature; c'est lui qui a donné au paysan le vote politique qui doit amener son émancipation sociale et l'égaler aux bourgeois des villes. Il dit que la liberté est une bonne chose en soi, un progrès irrévocable de l'esprit moderne; mais qu'il s'y trouve du bien et du mal, qu'il faut distinguer dans le mélange et en mesurer l'usage au tempérament des peuples gouvernés, aux besoins du temps. Avec cette restriction, il est, il est vrai, héritier et continuateur de la Révolu-

tion ; mais il conserve pour lui l'usufruit de ses
bienfaits dont il laisse la nue-propriété à ceux
qui ont versé leur sang pour la faire. Il s'intro-
duit dans la maison en qualité d'homme de confiance, le plus propre par son origine, son mandat, sa responsabilité, à gérer pour le mieux les
affaires communes. Puis, une fois qu'il a chaussé
les pantoufles, endossé la robe de chambre et
pris possession du coin du feu, il déchire les
voiles et soulève son masque ; on voit le tzarisme
enté sur la corruption et la jouissance.

La France démocratique est une force im-
mense dont les principes se contredisent, au
moins en apparence, poussés par des vents contraires en sens contraires. Le bonapartisme ex-
ploite habilement cet antagonisme ; il en a vécu
et il en vivra, si nous devons assister à sa troisième restauration. S'il n'entend donner les li
bertés démocratiques qu'à son heure, il sait parler le langage des passions démocratiques. Il rêve
aux moyens d'assurer le bonheur des masses ;
il est du peuple, il fredonne avec lui les chan-
sons de Béranger, — une des aberrations de
notre histoire ; — il ne veut tenir que de lui sa
couronne impériale et la délégation de ses pouvoirs, et il ne saurait dormir en paix dans son

palais si le bien-être n'habite pas la mansarde
et le chaume.

Il donne à l'ouvrier la liberté des coalitions,
arme à double tranchant ; mais il le tient sous la
menace permanente de ses policiers et de ses
gendarmes, prêt à le menotter et à le transpor-
ter s'il brise plus de réverbères sur le boulevard
qu'il n'en faut pour effrayer les bourgeois. Il
s'efforce d'abaisser les dernières barrières que le
vote universel a laissées debout entre la blouse et
la redingote, par la multiplicité des jouissances
faciles, la diffusion de la vie à bon marché, le
mépris où il tient les mœurs parlementaires, dans
lesquelles il engloble de vulgaires habitudes so-
ciales qui n'ont jamais rien eu à voir aux assemblées, telles que l'amour de la famille et le respect de la profession.

Il proclame bien haut l'égalité devant les
fonctions. C'est un régime de parvenus. Il se présente aux cupidités avides comme une pyramide
chinoise dans laquelle, si l'on excepte la souveraineté où réside le César responsable, mais
inviolable et immuable, il n'y a pas de place du
bas au haut de la hiérarchie qui ne soit acces-
sible à une ambition plutôt hardie que bien née,
sachant jouer bellement sa partie dans la com-

pétition des servilités et des savoir-faire. Mais l'intrigue s'épuise, et les places ne sont pas innombrables. Les amis de la deuxième heure arrivent déjà bien tard. Que sera-ce pour les amis de la onzième ? Une féodalité administrative, appuyée d'une féodalité financière, toutes les deux bâties d'égalité et cimentées par les immortels principes, surplombe bientôt le suffrage universel. Et au fond, ce dernier peut-il s'en plaindre ? Quel meilleur titre que la faveur du prince qui n'est point un droit fondé sur des parchemins ? Quelle noblesse plus indispensable que celle qui a pour commune mesure les types d'or et d'argent frappés dans le monde ? Nous sommes dans le siècle des forces savantes ; l'argent est une puissance irrésistible contre laquelle il serait vain de protester parce qu'on n'a pas su la faire sienne.

Le bonapartisme est une duperie gigantesque, universelle, au profit d'un homme et d'une dynastie. Emprunté au césarisme romain, il en diffère sur ce point que la corruption latine laissait intact le monde obscur des pauvres et des esclaves où le christianisme devait trouver des âmes neuves pour répandre sa lumière, et que la corruption impériale jette son filet sur toutes les classes émancipées, les appelant à une jouissance commune précédée d'une guerre fraticide.

Après cette courte analyse, nous pouvons donc répondre à ceux qui revendiquent pour le bonapartisme la politique des intérêts et la politique du suffrage universel :

— Oui, il est la politique des intérêts populaires, mais à la façon de ces intendants qui vivent des revenus de leurs maîtres et qui font sauter la caisse lorsque la marge des dividendes devient trop étroite. C'est don Juan chauve, appelant à son aide la recette de Richard Cobden.

—Oui, il est la politique du suffrage universel. Car il accorde à tous, à l'ignorant comme au savant, au prolétaire et au capitaliste, le droit de déposer un vote qui pèse également dans la balance des affaires publiques. Mais les consciences des électeurs ne sont pas moins bien gardées que les urnes du scrutin ; et nous avons trop d'exemples que les unes sont tout aussi aisées à corrompre que les autres à violer, lorsqu'il se trouve par hasard des votes indépendants pour dédaigner les largesses du candidat officiel et les instructions comminatoires de l'autorité. Tout

le monde connaît cette fantasmagorie administrative.

Jusqu'ici, le bonapartisme a réussi et a
vécu, grâce à un perpétuel mensonge. Issu de
nos agitations politiques comme une plante
malsaine et vigoureuse, en brumaire comme en
décembre, il a trouvé des âmes avides de repos
et de sécurité, incapables d'efforts virils et d'une
longue patience, amoureuses de gloire. On l'a
accusé d'avoir copié Machiavel. Mais si cela est
vrai, le disciple est resté loin du maître; le
prince italien est bien plus fort. Seul le premier empereur sut mêler à sa grande exploita-
tion du peuple par la guerre et la conquête, ces
moyens de terreur que recommande surtout le
sceptique commentateur de Tite-Live. Quant
à l'autre, du lion il ne prit que la peau. L'histoire aura à compter avec lui; nous nous contentons de remarquer que le principal de son
gouvernement, son véritable instrument de
règne, ce fut le plaisir.

Il eut grand art d'enlever à propos, par une
saignée hardie, ce qui restait d'ardeur publique
dans la nation après les funestes journées de
juin. Il eut l'art non moins grand, mais plus pé-
rilleux d'entourer le sommeil profond où il la

plongea de simulacres constitutionnels qui res-
semblèrent longtemps à des lampes funéraires
brûlant autour d'un lit de mort. Mais le jour où,
par la force des choses, ces apparences devin-
rent des réalités, où le cadavre sortit de sa lé-
thargie, voulut se lever et marcher, le régime
fut destiné à périr ; la liberté n'était pas plus faite
pour lui qu'il n'était fait pour elle.

On voit renaître aujourd'hui parmi les Français des classes moyennes certains des symptô-
mes qui préludèrent au consentement tacite du
coup de décembre ; le même besoin de repos et
de vie facile, peut-être le souvenir des sensations
âcres de la spéculation et de cette vie d'aventure
qui remplaça alors les saines émotions de l'arène
politique. Nous ne croyons guère au *loyalisme*
des sujets de l'Empire. C'est un mot qui sonne
mal avec le système des usurpations nocturnes
et des sanctions plébiscitaires. Qui sait cependant où s'agite cette nuée d'agents secrets qui
vivaient de la vie propre du système et étrei-
gnaient le pays sous une conspiration permanente ? L'Internationale française avait envoyé
trois délégués, il y a deux ans, au congrès des
travailleurs, à Bâle ; l'un d'eux vient d'être
pris la main dans le sac du complot bonapar-

tiste, pour le compte duquel il écrivait des brochures en pleines Charentes. Ce seul fait suffit au-delà de tout ce qu'on pourrait dire. Le parti reprend au sein des classes ouvrières ce travail souterrain qui nous a valu vingt ans trop tôt le suffrage universel.

Le bonapartisme se présente à la France sans aucune des illusions qui firent autrefois sa grandeur et furent l'excuse de notre servitude. Ses ballons sont dégonflés, c'étaient des outres ; son squelette est à nu, il découle du sang de Sedan. Le bonapartisme apporte avec lui la jouissance et le scepticisme pour mœurs publiques, à l'extérieur l'avilissement irrémédiable. Le jour où, pour la troisième fois, nous l'accepterions dans son cynisme, il faudrait inscrire sur notre porte : *Nation à vendre, au plus offrant.* Les cosaques arriveraient à temps pour le second partage de la Pologne.

LE RADICALISME.

Entre le bonapartisme et le radicalisme, il y a juste la différence qui sépare, sous une constitution libre, le gouvernement de l'opposition. Dès que le second Empire a voulu donner quelque ouverture à la liberté, dans la Constitution de 1851, il a trouvé en face de lui la politique jacobine rajeunie par M. Gambetta et la menace furieuse de la Commune. Le Gambettisme et la Commune, voilà les deux contre-poids naturels, inévitables, que ce régime de bascule sociale opposait à la compression du pouvoir personnel. Qu'on nous parle, après cela, des dangereux effets de la bascule parlementaire !

Faire le portrait du bonapartisme, c'est au fond, et plus qu'on ne croit, faire le portrait du radicalisme.

Bien qu'ils paraissent différer dans leurs principes, leurs moyens, leurs allures, une même ambition les anime. S'ils se rencontrent parfois en adversaires dans l'arène politique, c'est qu'alors ils convoitent le même pouvoir. Mais éloignez d'eux ce pouvoir, faites qu'il leur soit pour un temps inaccessible, ils seront bien près de s'entendre. Ils parleront tous les deux au peuple, avec des nuances de langage sensibles, il est vrai : l'un s'apitoiera sur ses besoins et le conviera au bien-être, l'autre lui proposera la conquête de ses droits politiques. Mais le peuple voit dans ces droits un moyen plutôt qu'un but, et le gambettisme et le bonapartisme arriveront par des voies détournées, également violentes à leur origine, au même résultat. Après avoir éveillé les appétits et les cupidités populaires, ils les ébranlent et les entraînent vers un but inconnu.

Une fois maîtres du suffrage universel, la ressemblance est encore plus parfaite. C'est le despotisme. Aux professeurs de radicalisme, qui essaient de nous prouver chaque matin que le radicalisme obéit à des principes, qu'il forme un système et qu'il a un programme, nous pourrions répondre, l'histoire en main, et les prier de nous expliquer l'odyssée gambettiste. Mais la logique, la langue, la raison se passent ici de l'histoire.

Le radicalisme, — son étymologie le dit, — n'est que l'exagération d'un système ou d'une opinion. Il ne se comprend que dans l'opposition, où il est une manière de renverser plus rapidement le gouvernement existant et de prendre sa place. Arrivé là, il ne se comprend plus, s'il ne devient le despotisme. Que serait-il en effet ? Monarchie ? Mais il en a nié le principe et il arrive au pouvoir porté par la haine populaire qu'il surexcite contre tout ce qui de près ou de loin rappelle l'ancien régime ? République modérée ? Mais s'il n'en nie pas le principe, et s'il accepte la moitié de sa définition, n'en rejette-t-il pas avec dédain les moyens bourgeois et parlementaires ? La République jacobine reste seule, c'est-à-dire la dictature déguisée, partagée entre plusieurs têtes et quelquefois concentrée sur une seule.

Quelles que soient ses violences, le despotisme radical serait cependant moins funeste dans ses effets que le despotisme césarien, parce qu'il régnerait emporté dans une crise, armé en guerre, tenant en éveil trop d'intérêts contraires pour n'être pas bientôt précipité à son tour. Il n'a ni les moyens savants, ni le pouvoir centralisateur du bonapartisme, qui s'adresse à toutes les classes de la société, tient tête à toutes les cupidités, ménage au bourgeois les gains fiévreux de la spéculation, promet à l'ouvrier la hausse indéfinie des salaires. Le radicalisme crée entre les classes un état violent qui ne peut se terminer que par le triomphe de l'une d'elles. Représentant du prolétariat, il est d'avance vaincu, car s'il a pour lui les intérêts les plus nombreux, il a contre lui les plus puissants, et le travail rend toujours les armes au capital, qui est son auxiliaire indispensable.

Après de telles luttes, le moment d'un pouvoir fort est venu. L'égoïsme parle seul et achète la sécurité au prix de n'importe quelles libertés.

Nous n'avons pas besoin de faire remarquer par quelle pente fatale et irrésistible, une nation, divisée comme la nôtre, peut glisser du radicalisme au césarisme, si l'opinion, fatiguée des discussions intestines des partis, se tourne en désespérée du côté de la violence et de la Révolution.

RÉPUBLIQUE MODÉRÉE.

Reste la *république modérée* telle que nous l'imposent l'expérience de quatre-vingts ans de révolutions et les nécessités de la situation présente.

Qui le croirait? La plus forte objection que de bons esprits élèvent aujourd'hui contre elle, c'est précisément le nom qu'elle porte : la *République*.

Ce mot a, en effet, le privilége de réveiller dans les imaginations françaises les plus mauvais souvenirs de notre histoire, les coups de force de la rue provoquant les coups de force du pouvoir, le désordre matériel et moral conduisant au rétablissement de l'ordre par la main du pouvoir personnel, appelé de guerre lasse, et par la servitude volontaire.

Mais ne subissons-nous pas ici, comme partout, l'empire de la légende ? Ferons-nous toujours la politique avec l'histoire ? Est-il donc impossible d'approprier des idées nouvelles à des mœurs nouvelles ?

La république modérée de 1872 n'est ni la république jacobine de 1793, ni l'interrègne extra-légal de 1830, ni la république démocratique et sociale de 1848.

Si elle avait mérité les reproches qu'on lui adresse, elle aurait tenu à honneur de se rattacher à la révolution du 4 septembre qui, trouvant une société en dissolution et gisant à terre le gouvernement qui n'avait pas su la défendre, a proclamé celui des jours difficiles, du péril et du sacrifice : la République.

La république modérée a purgé cette origine révolutionnaire, en consentant la trève de Bordeaux où son nom n'a pas même été prononcé. Mais ce jour-là, une assemblée monarchiste a fait, sans le vouloir, œuvre républicaine. Qu'elle l'avoue ou non, en remettant les rênes du pouvoir au plus digne, en faisant appel à toutes les bonnes volontés et à toutes les opinions, la monarchie a reconnu et légalisé l'impuissance de chaque prétendance particulière à recueillir la terrible succession de l'Empire. Elle ne s'est pas détournée du calice, comme elle l'a dit plus tard, par finesse et par ruse politique, laissant à d'autres l'impopularité de la liquidation. Elle formait la majorité, elle était omnipotente, elle pouvait restaurer son principe par des décrets et constituer suivant lui. Elle ne l'a pas fait, parce qu'elle sentait le sol mouvant et l'avenir incertain. Dans les pays de démocratie et de suffrage universel, il faut un consentement tacite de l'opinion, même pour la violenter. Ce consentement manquait. Depuis, la monarchie a fait comme ces joueurs qui s'aperçoivent un peu tard qu'ils ont laissé échapper la veine sans l'exploiter. Elle s'est déclarée l'adversaire et le compétiteur de ce provisoire qu'elle avait créé par sagesse, réflexion, impuissance. Elle lui a refusé tout principe distinct, toute raison d'être suffisante, lui défendant de représenter quoi que ce soit, une idée, une personne ou une chose, puisqu'il ne pouvait la représenter. *L'essai loyal* est devenu, à ses yeux, la *duperie déloyale ;* et tandis que l'élément républicain se fortifiait à chaque nouvelle élection dans l'Assemblée, la monarchie proscrivait avec une ardeur croissante le nom de République et déclarait que le *provisoire* était tout ce qu'il y avait de plus *pro-visoire.*

Mais n'est-elle pas infidèle aux conditions qu'elle a assignées elle-même à son succès et qui devaient lui assurer l'acquiescement populaire, lorsque la fusion ou la subordination des principes, ce fantôme et cette triple impossibilité, lui auraient donné l'unité d'action nécessaire à la moindre résolution législative?

Supposons cette impossibilité réalisée. Si Henri V remontait demain sur le trône de ses pères, après quarante-deux ans d'exil, trois révolutions, l'introduction du socialisme et du suffrage universel en politique, pense-t-on que les gens de bon sens voudraient voir dans le provisoire expirant une expérience sincère de la République? Ils rappelleraient, non sans raison, aux monarchistes qu'ils n'ont jamais voulu en entendre prononcer le nom et qu'ils ont fait du provisoire un vestibule commode à leurs intrigues. Et s'il y avait un bilan d'erreurs et de fautes à dresser, une responsabilité grave, impopulaire, à endosser, ils les sommeraient d'en répondre en qualité de bénéficiaires légaux de cet interrègne sans nom, préparé, entretenu par leurs soins, qui aurait reçu de leurs mains le coup de grâce.

Les monarchistes ont-ils, comme ils le prétendent, foi en leur principe? Leur intérêt est de laisser au provisoire sa signification véritable : celle d'être une République expérimentale.

Pour les esprits libres de passion et de préjugé, s'ils ont suivi avec quelque attention la critique que nous avons faite dans les chapitres précédents des diverses prétentions dynastiques, la république expérimentale et la république définitive sont une même chose. L'expérience est faite d'avance, et le gouvernement des temps de crise est le gouvernement de tous les temps, par cette souveraine raison qu'on ne saurait demander trop de vertus à la forme politique sous laquelle un pays veut vivre et se développer.

La *république modérée,* c'est donc le provisoire rendu à sa donnée logique, débarrassé des interprétations jésuitiques, intéressées ; le provisoire constitué, organisé, agissant, pouvant décréter des institutions conformes au génie de la nation et aux nécessités actuelles.

C'est à la fois le produit nécessaire de la situation et le résultat d'un progrès poursuivi dans les esprits et dans les mœurs depuis la Révolution.

La *république modérée* peut seule satisfaire la

conspiration latente des intérêts divers et contradictoires. Le triomphe de l'un quelconque de ces intérêts par une restauration dynastique (aussi bien la dynastie des Bourbons que celle des Césars et des Gracchus) amène inévitablement l'abaissement et l'oppression de tous les autres.

Elle seule peut faire cesser l'antagonisme des vieux partis dans une vaste synthèse où chacun trouve une place proportionnée à son importance réelle dans l'opinion du pays. Que le principe de la monarchie héréditaire ne veuille pas céder devant le principe de la monarchie consentie, que le despotisme césarien ne consente pas à reconnaître la supériorité du radicalisme pour satisfaire les appétits démocratiques du peuple, cela se conçoit. Mais de tous les régimes politiques en perspective, il n'y en a pas aujourd'hui qui n'éprouve le besoin de s'assurer au moins en apparence l'appui de la majorité, dans l'Assemblée par une coalition parlementaire, dans le pays par un plébiscite ; il n'y en a pas qui ne prétende satisfaire le vœu populaire. C'est une commune mesure que le droit divin lui-même n'ose pas ouvertement rejeter. Quelle opinion souffrirait donc, dans son amour-propre, de s'incliner devant une manifestation du suffrage universel, déclarant qu'il veut rester en possession de soi-même et ne confie à personne le soin d'être son tuteur ou sa Providence?

La République, à la différence de toutes les autres restaurations, ne fait ni vaincus ni proscrits ; elle n'humilie aucun parti, parce qu'elle n'est pas elle-même un parti et qu'elle les élève tous avec elle dans son ascension triomphante. Le droit des minorités, favorisé par une bonne pondération des pouvoirs, devient alors le droit de toutes les opinions qui ont acquis quelque influence. L'abstention seule, qui est un acte de mauvais citoyen, les priverait de leur part légitime d'influence.

La *République modérée?*

C'est le *pouvoir exécutif* à l'élection, doué d'une durée assez grande et d'une initiative assez large pour satisfaire une ambition légitime : organisé de telle façon qu'il enlève à son titulaire encore plus la tentation que les moyens d'usurper ;

C'est un *contrôle* incessant de la représentation *nationale* où réside la souveraineté, représentation assez fréquemment renouvelée pour rester en correspondance exacte avec l'opinion.

C'est le *frein et contre-poids* exercé sur l'influence de cette chambre basse par une chambre haute, également produite par l'élection, mais sous une forme différente : concentrant dans son sein l'instinct conservateur des classes éclairées, et pouvant enfin servir, par son intervention dans certains attributs administratifs du pouvoir exécutif, de digues aux entreprises coupables de ce dernier.

C'est la *liberté de la presse* et la *liberté d'association,* permettant de donner une ouverture à toutes les aspirations trop confuses ou trop disséminées pour être représentées dans les Chambres. Le socialisme n'a plus dès lors aucune raison de prendre les armes, il devient une duperie de l'esprit, une erreur de sentiment qui s'évanouit devant la discussion.

C'est la *disparition du parasitisme des cours et des budgets fictifs.*

A *l'intérieur,* comme à *l'extérieur,* — c'est la *responsabilité collective,* le seul gouvernement qui puisse commettre des fautes sans encourir la peine de la mort politique ; mais le seul aussi, que ses intérêts bien entendus protégent contre les fautes irréparables que dictent l'amour de la gloire, l'ambition des alliances, etc. — A *l'intérieur,* c'est le seul qui puisse faire triompher la loi à tout prix et à qui il soit permis de ne pas hésiter entre les transactions de la sécurité, mais de la faiblesse, et le principe immuable de la justice et de l'intérêt général; le seul où le crédit public soit le crédit national et où il ait le droit indiscutable de faire appel aux dévouements particuliers pour l'œuvre commune de la délivrance.

A tous ces titres, c'est le gouvernement adéquat de la politique des intérêts, ayant pour condition indispensable le suffrage universel. L'une et l'autre y trouvent la satisfaction de leurs diversités et la correction de leurs erreurs.

DES MOYENS

DE RÉALISER LA RÉPUBLIQUE MODÉRÉE.

L'Assemblée est souveraine. Au-dessus d'elle il n'y a ni pouvoir exécutif pour la dissoudre, ni Constitution pour la renvoyer dans ses foyers à l'expiration de son mandat. Elle a reçu du pays le dépôt de la fortune publique, et nous ne voyons pas comment on pourrait lui contester le droit de sauvegarder ce dépôt dans l'avenir par la forme politique qu'elle y jugerait le plus propre. Tout au plus les amateurs de dissolution pourraient-ils lui conseiller d'imiter les consuls Romains lorsque la République était en péril, et d'obéir aux inspirations de la prudence, qui commande parfois de sacrifier ses prédilections particulières à une nécessité supérieure.

Mais cette Assemblée aurait en vain les

meilleures intentions et les plus belles vertus politiques ; sa souveraineté elle-même serait un ornement de parade, si elle ne possédait en même temps une majorité pour formuler et décréter ses volontés. Sans majorité, une représentation n'est qu'un corps sans âme, une force privée de l'organe qui lui sert à affirmer son existence et à produire son effet. La sagesse la plus rare peut exister dans chacun de ses représentants ; pris isolément, ils peuvent réaliser cet idéal de tolérance réciproque qui est le gage de la paix publique. S'ils n'ont ni la décision ni le courage de s'entendre sur un principe commun, bon ou mauvais, et d'y conformer logiquement leur conduite, l'honnêteté de leurs vues particulières n'excuse plus l'impuissance et l'anarchie qu'un pareil gouvernement entraîne avec lui.

Ce gouvernement précaire ne peut même pas recueillir le bénéfice de ses bonnes intentions. Au fond, il incline vers le juste milieu, vers le bien plutôt que vers le mal ; ayant à choisir entre deux partis, il ne prend ni l'un ni l'autre parce que sa pensée flotte, sans se fixer, sur leurs divers accommodements. Mais la politique n'est pas une horloge dont on puisse arrêter l'aiguille, sur le cadran, à une heure convenue. C'est une armée en mouvement : elle va, elle va sans cesse ; elle s'avance d'abord dans son ordre hiérarchique, en tête les plus dignes et les plus modérés ; mais s'il prend fantaisie à cette élite de se retirer à l'écart, pendant la marche, pour deviser ou rester simple spectatrice du défilé, les rangs qui la suivent fournissent immédiatement de nouveaux chefs ; ce sont cette fois les violents et les passionnés. Et l'armée n'en continue pas moins d'avancer, parce qu'il est dans sa destinée de ne s'arrêter jamais ; seulement ceux qui commandaient obéissent, et ceux qui obéissaient commandent.

Pour une Assemblée où il n'y a pas de majorité, ce mal-là n'est pas le moins à craindre ; mais il vient du dehors. Il naît dans le public de l'irritation causée par cette politique de bascule mouvante, un jour répressive, un autre libérale, aristocratique ou populaire, suivant que ses décrets émanent d'une coalition du centre et de la droite, ou de la gauche et du centre. Cette incohérence fatale, involontaire, paraît alors une manœuvre de parti. Les concessions les plus librement consenties deviennent des tolérances octroyées, les maladresses les moins calculées de ténébreux calculs pour une restauration antina-

tionale ou rétrograde. Bientôt les esprits modérés, ballottés entre ces appréhensions et ces
commentaires, finissent par croire que le lende-
main n'est pas assuré. Pour ne pas le livrer aux
ambitieux, ils appellent à leur aide les partis
extrêmes et la révolution, décidés à jouer le tout
pour le tout.

« Tant vaut la majorité, tant vaut la représentation », s'est écrié excellemment dans son dernier discours l'honorable M. de Guiraud (1), qui
a fait, d'ailleurs, les plus loyaux efforts du
monde pour empêcher la formation de toute
majorité. Mais ce qui est vrai sous tous les gouvernements, l'est particulièrement sous le gouvernement parlementaire. Alors, la majorité
n'est pas seulement une condition indispensable
de bonne politique. Sans elle, pas d'adminis-
tration, pas d'armée, pas de finances, et, avons-
nous besoin de le dire, pas plus de république
que de monarchie : mais cet interrègne sans
nom, ce conflit à peine dissimulé au milieu duquel la France dispute ce qui lui reste de vie à
la lassitude, au marasme, à l'impuissance.

(1) Séance du 9 mars 1872.

Toute réforme constitutionnelle est donc aujourd'hui contenue dans la réponse qu'on fera aux questions suivantes :

Une majorité gouvernementale est-elle possible dans l'Assemblée nationale ? Est-elle probable ? Sera-t-elle républicaine ou sera-t-elle monarchiste ?

Les monarchistes nous diront ici qu'il est inutile de nous fatiguer l'imagination à une aussi vaine recherche et que la majorité est pour eux. Ils nous rappelleront par quel nombre écrasant de voix l'Assemblée a rejeté la fixation de tout délai limité des pouvoirs de M. Thiers, — lors de la fameuse proposition Rivet, — et le retour à Paris, — lors de la proposition Duchâtel : toutes mesures tendant à rendre le provisoire plus provisoire, et laissant les portes ouvertes à une restauration dynastique.

Mais les républicains ne seront pas moins insistants, et se prévaudront du vote sur les matières premières où les centres et la gauche ont mêlé leurs rangs pour repousser le système de la prohibition et défendre le principe du libre-échange. Ils n'iront pas, il est vrai, jusqu'à soutenir que ce soit là un vote politique. Mais ils montreront habilement quel abîme d'intérêts sépare les opinions moyennes de la Chambre des chevau-légers de la droite qui s'abritent sous la bannière de M. de Lorgeril, et consentiraient volontiers au rétablissement du droit de péage et des douanes provinciales, si on voulait leur rendre du même coup les bailliages et les sénéchaussées.

Les uns et les autres ont à la fois tort et raison : ils ont tort de prendre pour des principes arrêtés ce qui n'est dans la majorité qu'un pur calcul d'intérêt ; ils ont raison, car elle a été et est encore monarchiste ou républicaine au gré des vents qui soufflent. Les monarchistes peuvent surtout dire qu'elle leur a appartenu, les républicains qu'elle leur appartiendra.

A Bordeaux, en face du gouffre béant creusé par la guerre étrangère, où venait de s'engloutir l'Empire, après la folle dictature gambettiste, la démocratie, césarienne ou révolutionnaire, parut un instant jugée, aux yeux des plus sages, comme l'arbre à ses fruits.

Mais les entremetteurs de restauration dynastique tomberaient dans une étrange illusion s'ils croyaient que la monarchie héréditaire ou constitutionnelle a converti alors, plus qu'elle ne le fait aujourd'hui, par sa propre vertu, la grande masse conservatrice de l'Assemblée. Cette majorité est fille de l'époque : elle s'est recrutée parmi ces notabilités locales que le régime de décembre tenait systématiquement à l'écart, parce qu'il trouvait leurs lumières dangereuses ou que leur vertu lui semblait maussade et incommode ; la génération qui allait naître à la vie politique, avec la transformation libérale inaugurée par le cabinet Ollivier, y compte quelques représentants ; le groupe des vieux parlementaires, dispersés avec la dernière Assemblée de la République de Février, forme l'arrière-garde et le corps instructeur. Au fond, un même esprit anime tous ces hommes, mêlés en diverses nuances depuis les confins de la droite croyante jusqu'à ceux de la gauche républicaine. Nobles, magistrats, industriels, jeunes gens, il n'y en a aucun qui ne croie la politique de compression désormais impraticable et funeste, si elle n'est au préalable acceptée par le peuple. Ils sentent que le temps est passé où l'on pouvait remonter le courant démocratique, qu'il s'agit de le diriger en le modérant, et que de tous les grands intérêts, créés dans son mouvement rapide et puissant, aucun ne saurait être impunément négligé. Ils sont arrivés à cette maturité de la science politique où la part de fiction, contenue dans tous les régimes, a perdu son prestige et où la vérité apparaît dans sa nudité désespérante, mais sincère.

Ils connaissent le fort et le faible de la monarchie ; ils ne lui ont un instant ouvert les bras que parce qu'elle représentait pour eux ce qu'on désire le plus après de grandes secousses politiques : la sécurité. Mais ce n'était qu'un mirage : la monarchie n'avait ni la puissance morale qui fonde les gouvernements réguliers, ni la force matérielle qui escamote le droit, mais intronise le fait pour un temps limité.

L'esprit de conservation et la force des choses porteraient donc la majorité à chercher cette sécurité indispensable dans les voies de la pure liberté constitutionnelle et du suffrage universel, contenu et dirigé par le contrôle parlementaire : c'est la définition même de la *République modérée*. Par malheur la majorité n'a pas le courage d'avoir une opinion ; elle ne saurait en avoir le bénéfice. Elle emploie sa prudence, son esprit, ses lumières à surveiller et à tenir en échec les opinions plus hardies qui affirment leurs préférences et veulent prendre un parti ; elle monte la garde autour du provisoire ; il n'est pas jusqu'à ce provisoire qui ne prenne parfois à ses yeux un aspect redoutable ; elle conspire avec la monarchie pour l'émonder de tout ce qui paraît attentatoire à sa propre souveraineté, le seul terrain où son esprit se repose avec quelque assurance. L'illustre homme d'Etat en qui elle a mis sa confiance ne trouve pas grâce devant elle : comme le provisoire, il dépasse le cercle étroit où la majorité a enfermé ses craintes et où le pays agonise avec elle.

Nous ne croyons pas que ce jeu-là puisse longtemps durer sans péril pour les propres intérêts au nom desquels on a dit autrefois avec fondement que le juste-milieu c'était la France entière. La majorité marche les yeux bandés, entre deux précipices : l'Empire et le radicalisme.

Qu'elle choisisse : la République modérée ou la République radicale ! En légalisant et en moralisant, par le concours de tous les partis et de toutes les classes, le gouvernement du pays par le pays, elle arme la nation tout entière contre la faction qui prendrait les armes sous un prétexte politique, couvrant une guerre sociale. En rassurant les intérêts par la cessation du provisoire, qui les tient en alarme perpétuelle, elle enlève à l'Empire son moyen d'action le plus puissant, cette lassitude des âmes qui lui ramènerait la France à travers la Commune.

Mais qu'elle choisisse : car la voix du pays monte, et elle crie : SOLUTION ! SOLUTION !

www.ingramcontent.com/pod-product-compliance
Lightning Source LLC
Chambersburg PA
CBHW061217030726
47595CB00004B/1290